Torsten Hauschild

Zeichen-, Absatz- und Seitenformatierung mit Word

GRIN Verlag

Bibliografische Information der Deutschen Nationalbibliothek:

Die Deutsche Bibliothek verzeichnet diese Publikation in der Deutschen National-bibliografie; detaillierte bibliografische Daten sind im Internet über http://dnb.d-nb.de/ abrufbar.

Impressum:

Copyright © 2004 GRIN Verlag GmbH
Druck und Bindung: Books on Demand GmbH, Norderstedt Germany
ISBN: 978-3-656-53135-7

Studienseminar Hannover
Für das Lehramt an berufsbildenden Schulen

Entwurf zum ersten kleinen Unterrichtsbesuch

Studienreferendar:	Herr Torsten Hauschild
Hannover Seminargruppe:	63
Fachrichtung:	Informations- und Kommunikationstechnik
Klasse:	Fachgymnasium 11 E
Schule:	xxx
Unterrichtsfach:	Informationsverarbeitung

Thema der Stunde:

Zeichen-, Absatz- und Seitenformatierung mit Word

Datum:	23.02.2004
Zeit:	13:15 – 14:00 Uhr (7. Stunde)

1. Beschreibung und Analyse des Bedingungsfeldes

<u>1.1 Daten und Analyse der Kompetenzen der Klassen- und Schüler- und Lehrersituation</u>

Die FG 11 E ist eine Klasse von derzeit 20 Lernenden (nach 3 Abgängen im laufenden Schuljahr), die das Abitur 2006 anstrebt. Die Schülerinnen und Schüler[1] haben im August 2003 begonnen. Der Unterricht findet im Klassenverband statt. Lediglich einige Kurse in den werden im Kurssystem unterrichtet. Die Schüler haben nur in Ausnahmefällen in der 7. Stunde noch Unterricht.
Die Klasse besteht aus 12 Schülerinnen und 8 Schülern, die 16 bis 19 Jahre alt sind. Die Lernenden verfügen über den erweiterten Realschulabschluss, den sie entweder an einer Realschule oder durch den Umweg über die Höhere Handelsschule erworben haben.

Hinsichtlich der **Fachkompetenz** der Schüler, ist eine Beurteilung schwierig, da ich die Klasse erst zum neuen Halbjahr übernommen habe. Bedingt durch die Zeugnisferien und eine Klassenfahrt konnte ich vor dem Unterrichtsbesuch erst vier Stunden unterrichten. Alle Schüler haben einen PC zu Hause und der Umgang mit Word ist für keinen völlig neu.

Die Einschätzung der **Methodenkompetenz** der Klasse fällt mir, aufgrund der kurzen Zeit seitdem ich die Schüler kenne, ähnlich schwer. Das Tempo mit dem die Schüler Aufgaben am Rechner lösen ist sehr unterschiedlich.

Die **Sozialkompetenz** kann ich noch nicht umfassend beurteilen. Den Umgang der Lernenden untereinander schätze ich gut ein. Unerfreulich waren allerdings Seitengespräche in Frontalunterrichtsphasen während der ersten Stunden. Der Schüler Robin Z. (es gibt zudem noch Robin E.) gilt als Störenfried. Sein Account wurde vom Schuladministrator (Herrn Burgmeister) wegen Verstößen gegen die Benutzerordnung für vier Wochen gesperrt. Dies hat zur Folge, dass er in Moment nicht unter seiner Kennung am Rechner arbeiten kann. Negativ fällt auch die Schülerin Jessica auf. Ich rede die Schüler mit „Du" und Vornamen an, wogegen sie mich mit „Sie" und Herr Hauschild ansprechen.
Meine Kenntnisse in Word entstammen der privaten und beruflichen Nutzung der Textverarbeitung. Derzeit eigne ich mir für meinen Unterricht weitere Funktionen an, die ich bisher selbst nie genutzt habe.

<u>1.2 Institutionelle Rahmenbedingungen</u>

Im Unterrichtsraum 348 sind nicht genügend Rechner vorhanden, so dass sich zwei Schüler einen Rechner teilen müssen. Die Computer sind an den Wänden angeordnet. In der Mitte des Raumes befinden sich Gruppentische für theoretischen Unterricht. Der Raum verfügt über Beamer, Projektor und eine Kunststofftafel. Die Rechner sind vernetzt. Aufgaben können über ein Tauschverzeichnis bereitgestellt werden. Der Internetzugang muss vom Lehrer freigeschaltet werden. Auf den Rechnern ist Office 2000 installiert. Zu Hause bereite ich mich mit Office XP vor.
Im ersten Halbjahr haben sich die Schüler mit der Handhabung eines DV-Systems und Excel beschäftigt.

---

[1] Im Folgenden vereinfachend als Schüler bezeichnet.

2. Didaktisch-methodische Konzeption

<u>2.1 Analyse der curricularen Vorgaben</u>
Grundlage für die Planung der Unterrichtseinheit bildet die Rahmenrichtlinie für die Unterrichtsfächer Betriebswirtschaft mit Rechnungswesen/Controlling, Informationsverarbeitung und Volkswirtschaft im Fachgymnasium - Wirtschaft - des nieder-sächsischen Kultusministeriums (Stand Mai 2001). Diese Rahmenrichtlinie zielt im Unterrichtsfach Informationsverarbeitung auf eine grundlegende, anwendungsorientierte und problemorientierte Bearbeitung ökonomischer Fragestellungen ab.
Die weitere wesentliche Rechtsgrundlage zur Unterrichtsplanung ist der aktuelle Stoffverteilungsplan der Hildesheimer Friedrich-List-Schule.   Dort ist ·Textgestaltung Hauptbestandteil des Lerngebietes 2 für die 11. Klasse des Fachgymnasiums.

<u>2.2 Beschreibung und Analyse der Thematik</u>

Um die ganze Bandbreite von Word zu erarbeiten, habe ich einem Satz von 15 Aufgaben zu verschiedenen Funktionalitäten aus dem Internet herunter geladen. Diese Aufgaben habe ich leicht abgeändert. Zwei dieser Aufgaben sollen in dieser Unterrichtsstunde behandelt werden. In einer Aufgabe sollen die Lernenden mit Hilfe von Word ein Namensschild erstellen. Bei der anderen Aufgabe sollen die Schüler einen über das Tauschverzeichnis gegebenen Text formatieren. Diese Aufgaben erfordern Transferleistungen. Die Schüler benötigen Word in ihrer weiteren schulischen Laufbahn, ebenso wie bei einer späteren Berufsausbildung oder im Falle eines Studiums. Für Textverarbeitung sind 30 Unterrichtsstunden vorgesehen.

<u>2.3 Einordnung der Thematik in die Unterrichtseinheit</u>

Datum	Min.	Unterrichtsinhalte
04.02.04	90	Vorstellung und zu Ende führen von Word-Aufgaben meines Vorgängers Peter Struck
16.02.04	45	Tabulatoren (Theorie) - Die Bearbeitung von Aufgaben im Tauschverzeichnis scheitert daran, dass die Größe der Dateien (8 MB) das Tauschverzeichnis lahm legt
18.02.04	90	Bearbeitung von Aufgaben in den Bereichen Textkorrektur, Drag & Drop und Zeichenformatierung

<u>2.4 Lernziele und Handlungskompetenzen</u>

Stundenlernziel:
Die Lernenden sollen Zeichen-, Absatz- und Seitenformatierung mit Word üben

Fachkompetenzen:
Die Schüler sollen...
… die Möglichkeiten des Querformats erkennen und anwenden.
… Zeichenformat mit Schriftarten, Schriftgrade, Unterstreichungen und Effekte üben und anwenden.
… Absatzformat mit Hilfe Sondereinzug und Zeilenabstand nutzen

Methodenkompetenzen:
Die Schüler sollen...
… mit dem Rechner arbeiten.
... ihr Lehrbuch nutzen.
... Microsoft Word bedienen.
... ihre Arbeitsergebnisse erörtern.

Sozialkompetenzen:
Die Schüler sollen...
... ihre Teamfähigkeit durch Partnerarbeit verbessern.
... Hilfsbereitschaft durch gegenseitige Unterstützung lernen.

3. Geplanter Verlauf der Unterrichtsstunde

Zeitver-lauf (Min.)	Phase	Lernziel	Unterrichtsverlauf	Material/Medien
0-10	Einführung		Referendar begrüßt Schüler und stellt Gast vor.	Arbeitsblatt, PC
	Problemanalyse 1	Erkennen der Aufgabenstellung	Überprüfung der Anwesenheit, Klärung der Aufgabenstellung zur Seitenformatierung, Inbetriebnahme der Rechner;	
10-20	Problemlösung 1	Anwendung des Querformats	Lernende führen die Seitenformatierung durch, drucken die Namensschilder und knicken sie auf DIN A6-Format.	PC, Drucker
20-40	Problemanalyse 2	Zeichenformat mit Schriftarten, Schriftgrade, Unterstreichungen und Effekte üben und anwenden	Klärung der Aufgabenstellung zur Zeichen- und Absatzformatierung	Arbeitsblatt, PC
	Problemlösung 2		Schüler führen Zeichen- und Absatzformatierung durch	
		Absatzformat mit Hilfe Sondereinzug und Zeilenabstand nutzen		
40-45	Präsentation & Abschluss	Präsentationssicherheit	Präsentation der Ergebnisse durch die Lernenden	PC, Beamer
			Lehrer macht sich Notizen zur Mitarbeit in der abgelaufenen Stunde.	

4. Quellenverzeichnis
Die Aufgaben entstammen der Seite www.edv-raum.de.

5. Anlagen
2 Aufgabenblätter

Thema: Seite einrichten

Erstellen Sie ein Namensschild mit Ihrem Namen. Das Ursprungsformat für das Namensschild ist DIN A4.

Wenn Sie das Blatt an der jeweils langen Kante zweimal knicken entsteht daraus ein aufstellbares DIN A6 Schild.

Auf diesem Schild vorn sollte später Ihr Name stehen.

Richten Sie die Seite so ein, dass Sie einfach nur Ihren Namen schreiben müssen und das Namensschild dann bereits fertig ist. Nutzen Sie hierzu die Seitenrandeinstellungen.

TIP: Nehmen Sie sich ein nicht benötigtes DIN A4-Blatt zur Hand und knicken Sie es so wie oben beschrieben. Anhand der Knickkanten können Sie den jeweiligen Seitenrand gut bestimmen, damit Ihr Name später in der Mitte des DIN A6-Schildes steht.

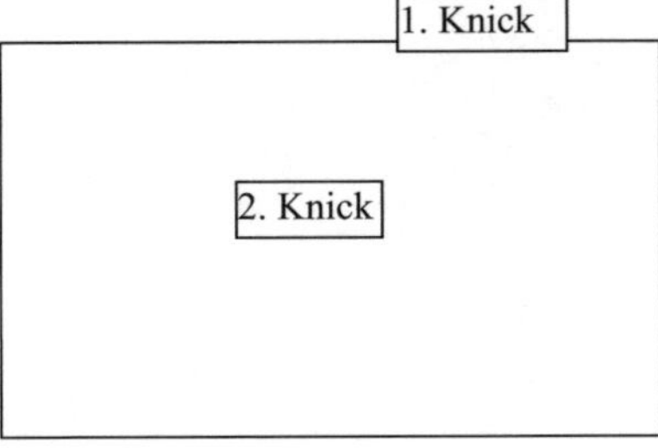

Thema: Zeichen- und Absatzformatierung

Öffnen Sie die Datei "*z&aform.doc*".

Erstellen Sie das nachfolgende Dokument so, wie unten abgebildet. Formatieren Sie die einzelnen Worte selbst.

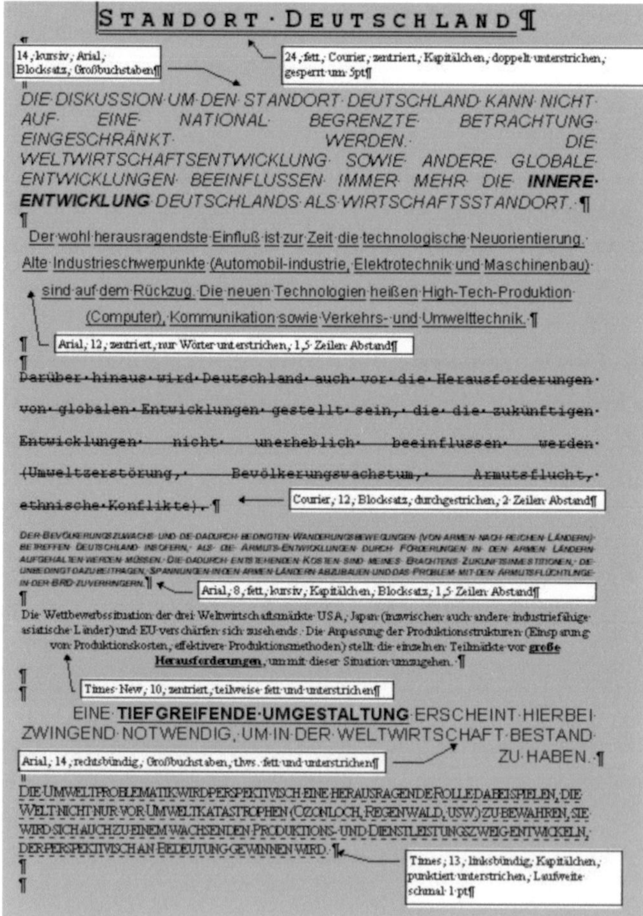